Impressum
Verlag: BABADADA GmbH, Nedderfeld 112 , 22529 Hamburg
Geschäftsführer / Verlagsleitung: Harald Hof
Druck: Books on Demand GmbH, In de Tarpen 42, 22848 Norderstedt

Imprint
Publisher: BABADADA GmbH, Nedderfeld 112 , 22529 Hamburg, Germany
Managing Director / Publishing direction: Harald Hof
Print: Books on Demand GmbH, In de Tarpen 42, 22848 Norderstedt, Germany

AF189845

ቤት-ትምህርቲ

5ch00l

ክፍሊ ክላስ
cl455r00m
d1v1d3
186/2
ሰሌዳ
b04rd
መምህር
734ch3r
ወረቐት
p4p3r
ጸሓፊ
wr173
መጽሓፊ
p3n
ጣውላ ምጽሓፍ
d35k
መስመር
rul3r
መጽሓፍ
b00k
ተመሃራይ
pup1l

ሳንጣ ትምህርቲ

547ch3l

ሰፈር ብርዒ

p3nc1l c453

ርሳስ

p3nc1l

መብልሒ ርሳስ

p3nc1l 5h4rp3n3r

መደምሰሲ

rubb3r

ጥራዝ ስእሊ

dr4w1n6 p4d

ስእሊ

dr4w1n6

ብርሺ ቀለም

p41n7bru5h

ቦክስ ቀለም

p41n7 b0x

መቐስ

5c1550r5

መጣበቒ

6lu3

ጥራዝ መላመዲ

3x3rc153 b00k

ዕዮ ገዛ

h0m3w0rk

ቁጽሪ

numb3r

ወሰኸ

4dd

ጎደለ

5ub7r4c7

ረብሐ

mul71ply

ደመረ

c4lcul473

ፊደል

l3773r

ስርዓት ፊደላት

4lph4b37

ቃል

w0rd

ጽሑፍ

73x7

ኣንበበ

r34d

ኩርሽ

ch4lk

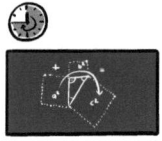

ሰዓት

l3550n

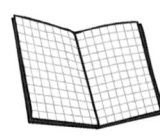

መዝገብ ክላስ

r361573r

መርመራ

3x4m1n4710n

ሰርቲፊከት

c3r71f1c473

ድቢዛ ቤትትምህርቲ

5ch00l un1f0rm

ትምህርቲ

3duc4710n

ለክሲኮን

3ncycl0p3d14

ዩኒቨርሲቲ

un1v3r517y

ሚክሮስኮፕ

m1cr05c0p3

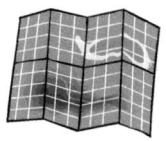

ካርታ

m4p

ጉሓፍ ወረቐት

w4573-p4p3r b45k37

መገሻ

7r4v3l

Grand
h073l
h0573l
ROOMS
ቦታ ቅያር ገንዘብ
curr3ncy 3xch4n63 0ff1c3
ባሊጃ
5u17c453
መኪና
c4r

ቋንቋ

l4n6u463

እወ / ኖ

y35 / n0

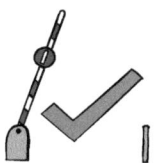

ሕራይ

0k4y

ሰላም

h3ll0

ኣስተርጓሚ

7r4n5l470r

የቐንየለይ

7h4nk y0u

. . . ክንደይ ዋግኡ?

h0w much 15

ኣይተረድኣኹን

1 d0 n07 und3r574nd

ሽግር

pr0bl3m

ሰላም ምሸት!

600d 3v3n1n6!

ከመይ ሓዲርካ

600d m0rn1n6!

ሰላም ለይቲ

600d n16h7!

ደሓን ኩን

600dby3

ኣንፈት

d1r3c710n

ጉዓዝ

lu66463

ሳንጣ

b46

ሳንጣ ሕቖ

b4ckp4ck

ጋሻ

6u357

ክፍሊ

r00m

ክሻ መደቐሲ

5l33p1n6 b46

ቴንዳ

73n7

ሓበሬታ በጻሕቲ ሃገር

....

70ur157 1nf0rm4710n

ገምገም ባሕሪ

....

b34ch

ክረዲት ካርድ

....

cr3d17 c4rd

ቁርሲ

....

br34kf457

ምሳሕ

....

lunch

ድራር

....

d1nn3r

ቲከት

....

71ck37

ሊፍት

....

3l3v470r

ማሕተም ደብዳበ

....

574mp

ዶብ

....

b0rd3r

ድጓና

....

cu570m5

ኣምበሲ

....

3mb455y

ቪዛ

....

v154

ፓስፖርት

....

p455p0r7

መጓዓዝያ

7r4n5p0r7

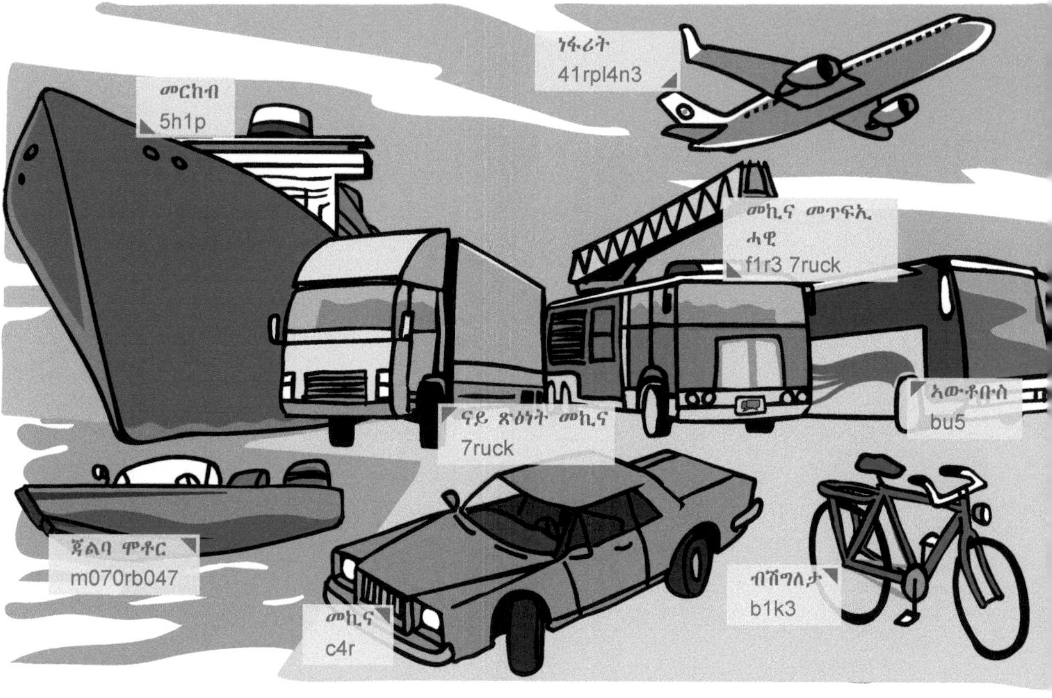
ነፋሪት
41rpl4n3
መርከብ
5h1p
መኪና መጥፋኢ ሓዊ
f1r3 7ruck
ናይ ጽዕነት መኪና
7ruck
ኣውቶቡስ
bu5
ጀልባ ሞቶር
m070rb047
መኪና
c4r
ብሽግለታ
b1k3

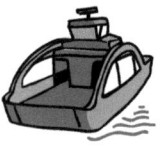

ፈሪ
....
f3rry

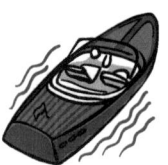

ጀልባ
....
b047

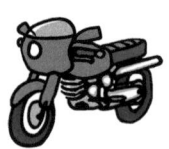

ሞቶ
....
m070rb1k3

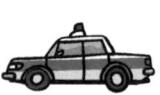

መኪና ፖሊስ
....
p0l1c3 c4r

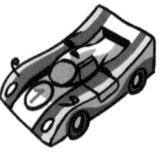

መኪና ቅድድም
....
r4c1n6 c4r

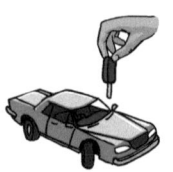

ክራይ መኪና
....
r3n74l c4r

ምውፋይ መካይን
....
c4r 5h4r1n6

መወሰዲ መኪና
....
70w 7ruck

መኪና ጎሓፍ
....
64rb463 7ruck

ሞቶር
....
3n61n3

ነዳዲ
....
fu3l

እንዳ ነዳዲ
....
fu3l 574710n

ምልክት ትራፊክ
....
7r4ff1c 516n

ትራፊክ
....
7r4ff1c

ምጭቕጫቕ ትራፊክ
....
7r4ff1c j4m

መዕሸጊ መኪና
....
p4rk1n6 l07

መዕረፊ ባቡር
....
7r41n 574710n

ሓዲግ
....
7r4ck5

ባቡር
....
7r41n

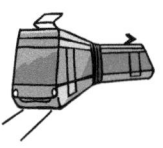

ትረም
....
7r4m

ባጎኒ
....
w460n

ሄሊኮፕተር

h3l1c0p73r

መዓረፊ ነፈርቲ

41rp0r7

ታወር

70w3r

ተጐዓዚ

p4553n63r

ኮንተይነር

c0n741n3r

ሳንዱቕ ካርቶን

c4r70n

ኮርሳ ጽዕነት

c4r7

ዘንቢል

b45k37

ተበገሰ / ዓለበ

74k3 0ff / l4nd

ከተማ

c17y

ቍሸት

v1ll463

ማእከል ከተማ

c17y c3n73r

ገዛ

h0u53

ሲነማ
m0v13 7h3473r
CINEMA
ረክላም
4dv3r7
መብራህቲ ጎደና
57r337 l16h7
ጽርግያ
57r337
ታክሲ
74x1
ባንኮ
5n4ck 5h0p
እግረኛ
p3d357r14n
መንገዲ ኣጋር
51d3w4lk
መራኽቢ
cr0551n6
ምልክት ዘብራ
z3br4 cr0551n6
ሰፈር ጎሓፍ
dump573r
ሴማፎሮ
7r4ff1c l16h75

ኣጕዶ

hu7

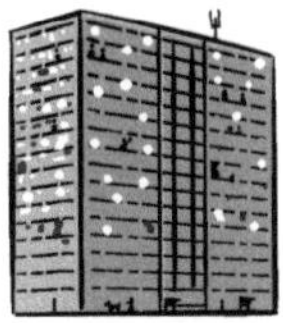

ኣፓርትመንት

4p4r7m3n7

መዕረፊ ባቡር

7r41n 574710n

ቤት ምምሕዳር

c17y h4ll

ቤተ መዘክር

mu53um

ቤት-ትምህርቲ

5ch00l

ዩኒቨርሲቲ

un1v3r517y

ባንክ

b4nk

ሆስፒታል

h05p174l

መቃበሊ አጋይሽ

h073l

ቤት መድሃኒት

ph4rm4cy

ቤት ጽሕፈት

0ff1c3

ዱካን መጽሐፍቲ

b00k 5h0p

ዱካን

5h0p

ዱካን ዕንባባ

fl0w3r 5h0p

ሱፐርማርክት

5up3rm4rk37

ዕዳጋ

m4rk37

ሹቅ

d3p4r7m3n7 570r3

ነጋዳይ ዓሳ

f15hm0n63r'5 5h0p

ሹቅ

m4ll

መርሳ

h4rb0r

x

መዘናግዒ

p4rk

ባንኪ

b3nch

ድልድል

br1d63

መደያይቦ

5741r5

ባቡር ትሕቲ ምድሪ

5ubw4y

ቢንቶ

7unn3l

መዕረፊ ኣውቶቡስ

bu5 570p

ቤት መስተ

b4r

ቤት-መግቢ

r3574ur4n7

ሰታሪት

p057b0x

ታቤላ

57r337 516n

ሰዓት ፓርኪንግ

p4rk1n6 m373r

መካነ እንስሳታት

z00

መሓምበሲ

5w1mm1n6 p00l

መስጊድ

m05qu3

ቤት ሕርሻ
....
f4rm

ብከላ
....
p0llu710n

መቓበር
....
c3m373ry

ቤተክርስትያን
....
church

ቦታ ምጽዋት
....
pl4y6r0und

ቤት መቕደስ
....
73mpl3

ስእሊ መሬት
l4nd5c4p3

አቐድልፊ
l34f

መሕበሪ መገዲ
516np057

መገዲ
p47h

ሜዳ
m34d0w

እምኒ
570n3

ኩብላሊ
h1k3r

አግራብ
7r33

ፈለግ
r1v3r

ሰዓሪ
6r455

ዕንባባ
fl0w3r

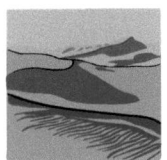

ስንጭሮ	ጎቦ	ቀላይ
v4ll3y	h1ll	l4k3
ዱር	ምድረ በዳ	እሳተ-ጎመራ
f0r357	d353r7	v0lc4n0
ግምቢ	ቀስተ-ደመና	ቃንጥሻ
c457l3	r41nb0w	mu5hr00m
ዓርኮብኮባይ	ጣንጡ	ሃመማ
p4lm 7r33	m05qu170	fly
ጻጸ	ንህቢ	ሳሬት
4n7	b33	5p1d3r

ሕንዚዝ

b337l3

ዕንቅርዖብ

fr06

ምጽጹላይ

5qu1rr3l

ቅንፍዝ

h3d63h06

ማንቲለ

h4r3

ጉንጓ

0wl

ጭሩ

b1rd

ስዋን

5w4n

መፍለስ

b04r

ዓጋዘን

d33r

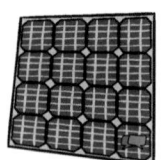

ሙስ

m0053

ግድብ

d4m

ተርባይን ንፋስ

w1nd 7urb1n3

ሶላር ስርሓት

50l4r p4n3l

ኩነታት ኣየር

cl1m473

ቤት-መግቢ

r3574ur4n7

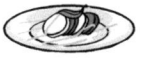

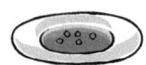

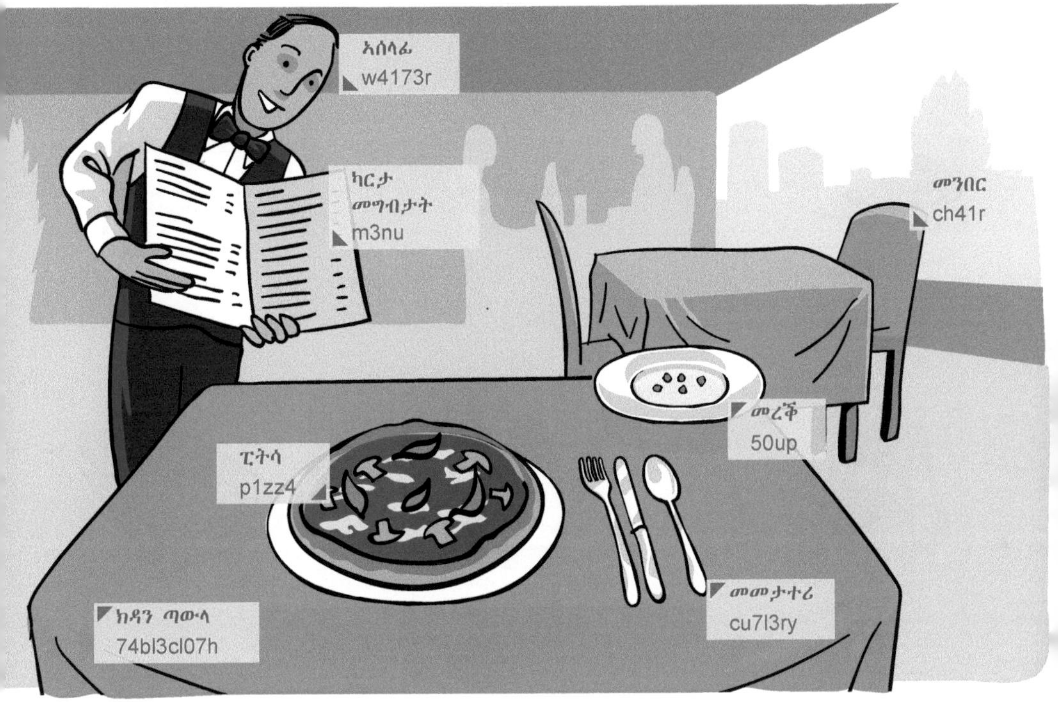
ኣሰላፊ
w4173r
ካርታ መግብታት
m3nu
መንበር
ch41r
መረቕ
50up
ፒትሳ
p1zz4
መመታተሪ
cu7l3ry
ክዳን ጣውላ
74bl3cl07h

ቅድመ ቀንዲ መግቢ

574r73r

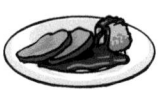

ቀንዲ መኣዲ

m41n c0ur53

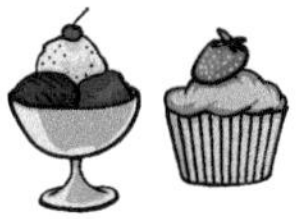

ድሕረ መግቢ

d3553r7

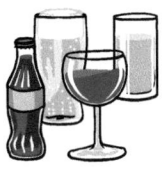

መስተ

dr1nk5

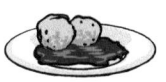

መግቢ

f00d

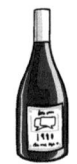

ጥርሙዝ

b077l3

ስሉጥ መግቢ

f457 f00d

መግቢ ጽርግያ

57r337 f00d

ብርጭቆ ሻሂ

734p07

ታኒካ ሽኮር

5u64r b0wl

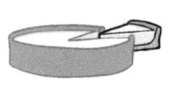

ክፋል

p0r710n

ማሺን ኤስፕረሶ

35pr3550 m4ch1n3

ነዊሕ መንበር

h16h ch41r

ጸብጻብ

b1ll

ታብለት

7r4y

ካራ

kn1f3

ፋርኪታ

f0rk

ማንካ

5p00n

ማንካ ሻሂ

7345p00n

ሰርቪየተ

53rv13773

ብኬሪ

6l455

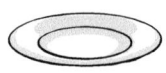

ሸሓኒ

pl473

ሸሓኒ መረቕ

50up pl473

ትሕቲ ኩባያ

54uc3r

ጸብሒ

54uc3

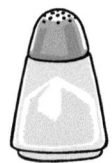

ወሃቢ ጨው

54l7 5h4k3r

መጥሓን በርበረ

p3pp3r m1ll

ኣቸቶ

v1n364r

ዘይቲ

01l

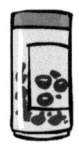

ቀመም

5p1c35

ከቹፕ

k37chup

ኣድሪ

mu574rd

ማዮኒዝ

m4y0nn4153

ሱፐርማርክት
5up3rm4rk37

ወፈያ
5p3c14l 0ff3r
ዓሚል
cu570m3r
ፍርያታት ጸባ
d41ry pr0duc75
ሰረገላ ዱኳን
5h0pp1n6 c4r7
ፍረታት
fru17
FOR

እንዳ ስጋ
bu7ch3r'5 5h0p

እንዳ ባኒ
b4k3ry

ክብደት
w316h

ኣሕምልቲ
v36374bl35

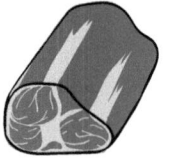

ስጋ
m347

መግቢ ፍሪጅ በረድ
fr0z3n f00d

ዝሑል ቅሩብ መግቢ

c0ld cu75

እስቃጥላ

c4nn3d f00d

ኦሞ

d373r63n7

ምቁር መግቢ

c4ndy

ዘቤታውያን ኣቕሑ

h0u53h0ld pr0duc75

ናውቲ መጸረዪ

cl34n1n6 pr0duc75

ሸቃጣይ

54l35 r3pr353n7471v3

ካሳ

c45h r361573r

ተሓዝ ገንዘብ

c45h13r

ዝርዝር ምግዛእ

5h0pp1n6 l157

ክፉት ሰዓታት

0p3n1n6 h0ur5

ማሕፉዳ

w4ll37

ክረዲት ካርድ

cr3d17 c4rd

ሳንጣ

b46

ፌስታል

pl4571c b46

መስተ

dr1nk5

ማይ

w473r

ጽማቝ

ju1c3

ጸባ

m1lk

ኮላ

c0k3

ነቢት

w1n3

ቢራ

b33r

ኣልኮል

4lc0h0l

ካካው

c0c04

ሻሂ

734

ቡን

c0ff33

ኤስፕረሶ

35pr3550

ካፑቺኖ

c4ppucc1n0

ባናና

b4n4n4

ቱፋሕ

4ppl3

ኣራንሺ

0r4n63

ብርጭቕ

m3l0n

ለሚን

l3m0n

ካሮት

c4rr07

ጻዕዳ ሽጉርቲ

64rl1c

ባምቡስ

b4mb00

ሽጉርቲ

0n10n

ቅንጥሻ

mu5hr00m

ፉል

nu75

ፓስታ

n00dl35

ስፓገቲ

5p46h3771

ሩዝ

r1c3

ሰላጣ

54l4d

ቅልዋ ድንሽ

fr135

ቅሉው ድንሽ

fr13d p0747035

ፒትሳ

p1zz4

ሃምቡርገር

h4mbur63r

ፓኒኖ

54ndw1ch

ቢስተካ

35c4l0p3

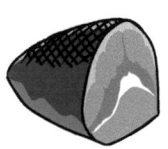

ሰለፍ ሓሰማ

h4m

ሳላሚ

54l4m1

ግዕዝም

54u5463

ደርሆ

ch1ck3n

ቀለወ

r0457

ዓሳ

f15h

ገዓት

p0rr1d63 0475

ሙስሊ

mu35l1

ኮርንፍለይክስ

c0rnfl4k35

ሓርጭ

fl0ur

ክሮሶን

cr01554n7

ባኒ

br34d r0ll

ባኒ

br34d

ቶስት

70457

ብሽኮቲ

c00k135

ጠስሚ

bu773r

ርግኦ

curd

ፓስተ

c4k3

እንቋቁሖ

366

ቅሉው እንቋቁሖ

fr13d 366

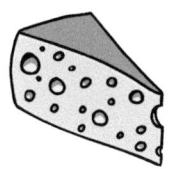

ፋርማጆ

ch3353

አይስ ክሪም

1c3 cr34m

ሽኮር

5u64r

መዓር

h0n3y

ጀም

j3lly

ኑጋት-ክሪም

n0u647 cr34m

ኩሪ

curry

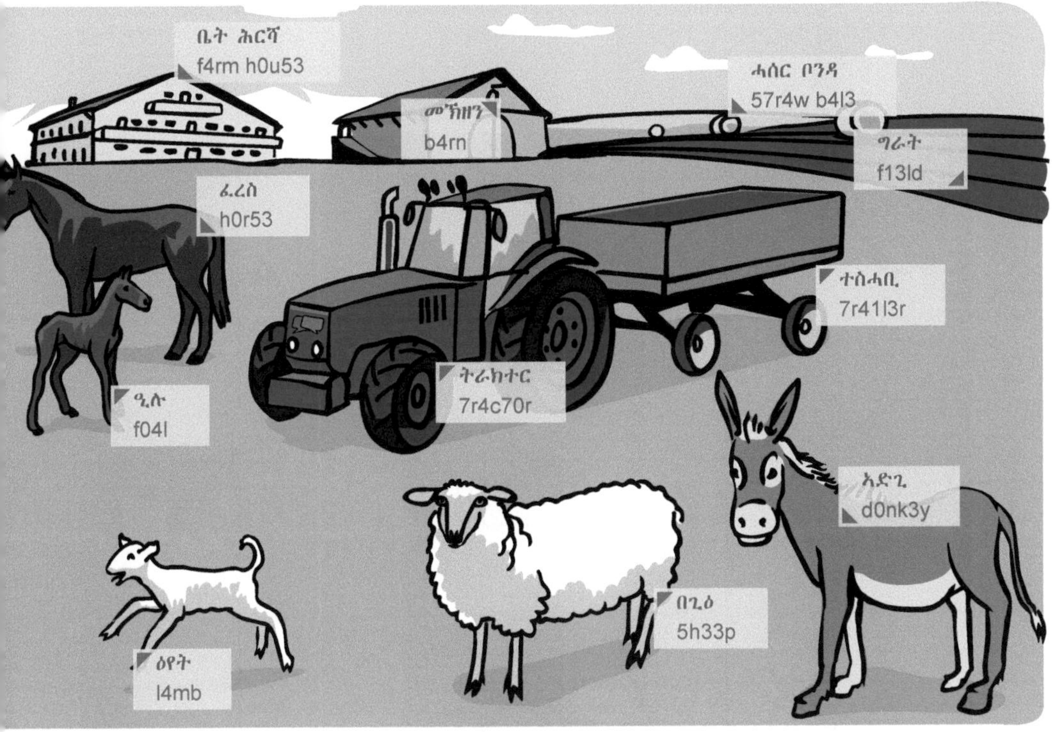

ቤት ሕርሻ
f4rm h0u53

መኺዘን
b4rn

ሓሰር ቦንዳ
57r4w b4l3

ግራት
f13ld

ፈረስ
h0r53

ተስሓቢ
7r41l3r

ኢሎ
f04l

ትራክተር
7r4c70r

እድጊ
d0nk3y

ዕየት
l4mb

በጊዕ
5h33p

ጤል
....
6047

ብዕራይ
....
c0w

ምራኽ
....
c4lf

ሓሰማ
....
p16

ውላድ ሓሰማ
....
p16l37

እርሓ
....
bull

ዓዓ

60053

ማይ ደርሆ

duck

ጫቝት

ch1ck

ደርሆ

h3n

ኣርሓ ደርሆ

c0ck3r3l

ኣንጨዋ ዓባይ

r47

ድሙ

c47

ኣንጭዋ

m0u53

ብዕራይ

0x

ከልቢ

d06

ኣጕዶ ከልቢ

d06 h0u53

ቱባ ጀርዲን

64rd3n h053

መዝፈፊ ማይ

w473r1n6 c4n

ዓቢ ማዕጺድ

5cy7h3

ማሕረሻ

pl0u6h

ማዕጺድ

....

51ckl3

ጭኺሮ

....

h03

መስአ

....

p17chf0rk

ፋስ

....

4x3

ዓረብያ ኢድ

....

pu5hc4r7

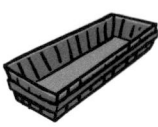

ጋብላ

....

7r0u6h

ብርጭቆ ጸባ

....

m1lk c4n

ክሻ

....

54ck

ሓጹር

....

f3nc3

መጓሰስ

....

574bl3

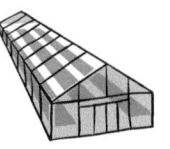

ቐጠልያ ገዛ

....

6r33nh0u53

ባይታ

....

501l

ዘርኢ

....

533d

ድኹዒ

....

f3r71l1z3r

ዘጣምር ቀውዓይ

....

c0mb1n3 h4rv3573r

ቀውዐ

h4rv357

ጻማ

h4rv357

ድንሽ ያም

y4m5

ስርናይ

wh347

ሶያ

50y4

ድንሽ

p07470

ዕፉን

c0rn

ራፕስ

r4p3533d

ገረብ ፍረታት

fru17 7r33

ማኒኦክ

m4n10c

ኣእኻል

6r41n

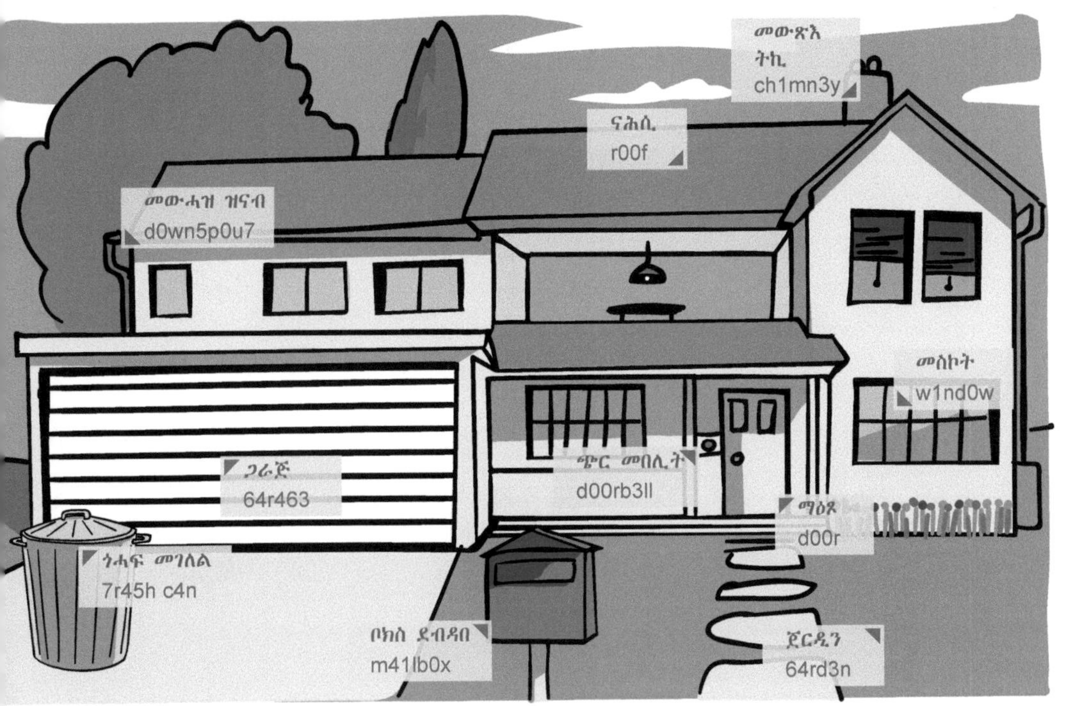

መውጽእ ትኪ
ch1mn3y
ናሕሲ
r00f
መውሓዝ ዝናብ
d0wn5p0u7
መስኮት
w1nd0w
ጋራጅ
64r463
ጭር መበሊት
d00rb3ll
ማዕጾ
d00r
ጎሓፍ መገለል
7r45h c4n
ቦክስ ደብዳበ
m41lb0x
ጀርዲን
64rd3n

ክፍሊ ምቕማጥ

....

l1v1n6 r00m

ክፍሊ ባንዮ

....

b47hr00m

ክሽነ

....

k17ch3n

ክፍሊ መደቀሲ

....

b3dr00m

ክፍሊ ቆልዑ

....

ch1ld'5 r00m

መመገቢ ክፍሊ

....

d1n1n6 r00m

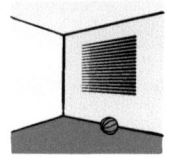

ባይታ
....
fl00r

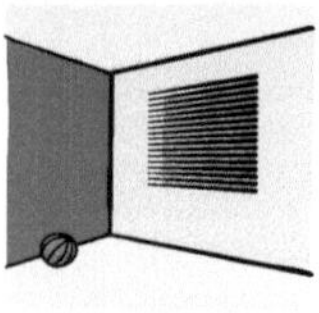

መንደቕ
....
w4ll

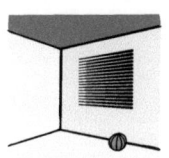

ከቦርታ
....
c31l1n6

ካንቲና
....
c3ll4r

ሳውና
....
54un4

ባልኮን
....
b4lc0ny

ዛላ
....
73rr4c3

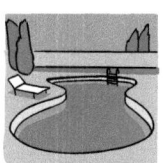

መሕምበሲ
....
p00l

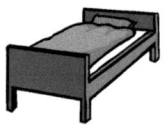

መቑረጺ ሳዕሪ
....
l4wn m0w3r

ኣንሶላ ዓራት
....
5h337

ከቦርታ ዓራት
....
b3d5pr34d

ዓራት
....
b3d

መኾስተር
....
br00m

መገለል
....
buck37

መወልዒት
....
5w17ch

ክፍሊ ምቕማጥ

l1v1n6 r00m

ወረቐት መንደቕ
w4llp4p3r
ስእሊ
p1c7ur3
ላምፓ
l4mp
5h3lf
c4b1n37
ተለቪዥን
73l3v1510n
መውጽኢ ትኪ ኣብ ገዛ
f1r3pl4c3
ዕንባባ
fl0w3r
መተርኣስ
cu5h10n
ሳሎን
50f4
v453
ሪሞት
r3m073 c0n7r0l

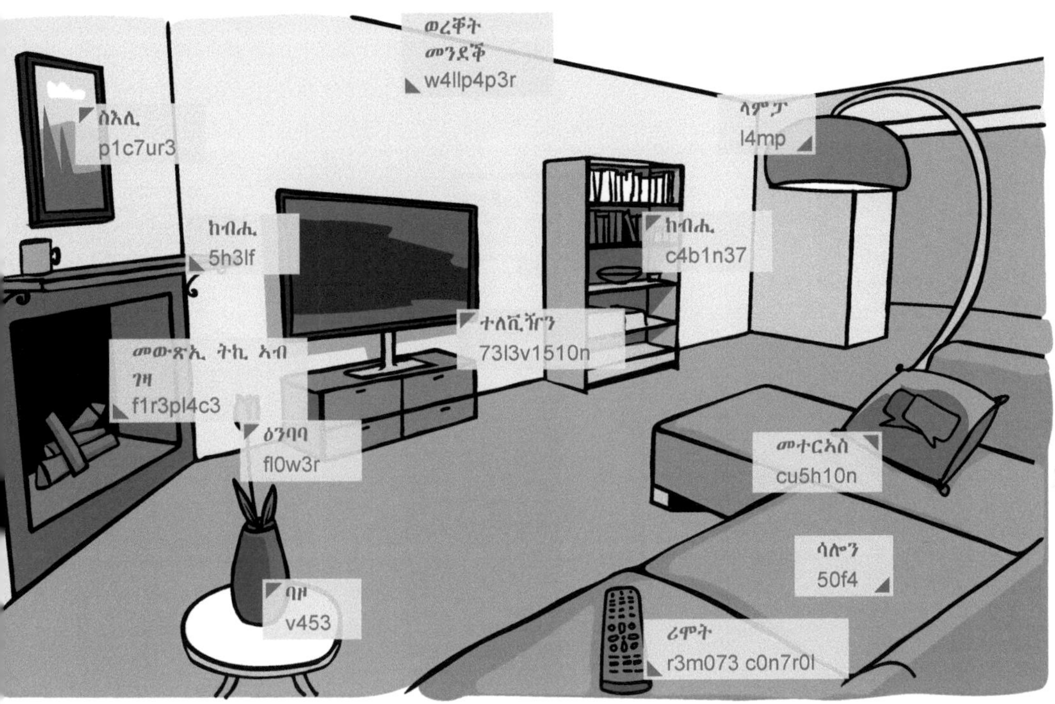

መንጸፍ

c4rp37

መጋረጃ

dr4p3

ጣውላ

74bl3

መንበር

ch41r

ሰለል ዝብል መንበር

r0ck1n6 ch41r

መንበር ምቹእ

4rmch41r

መጽሓፍ

b00k

ከቦርታ

bl4nk37

ስልማት

d3c0r4710n

እንጨይቲ ሓዊ

f1r3w00d

ፊልም

f1lm

ስተረዮ

573r30 5y573m

መፍትሕ

k3y

ጋዜጣ

n3w5p4p3r

ቕብኣ

p41n71n6

ፖስተር

p0573r

ረድዮ

r4d10

ጥራዝ

n073b00k

መልገሲ ደሮና

v4cuum cl34n3r

በለስ

c4c7u5

ሽምዓ

c4ndl3

ክሽነ
k17ch3n

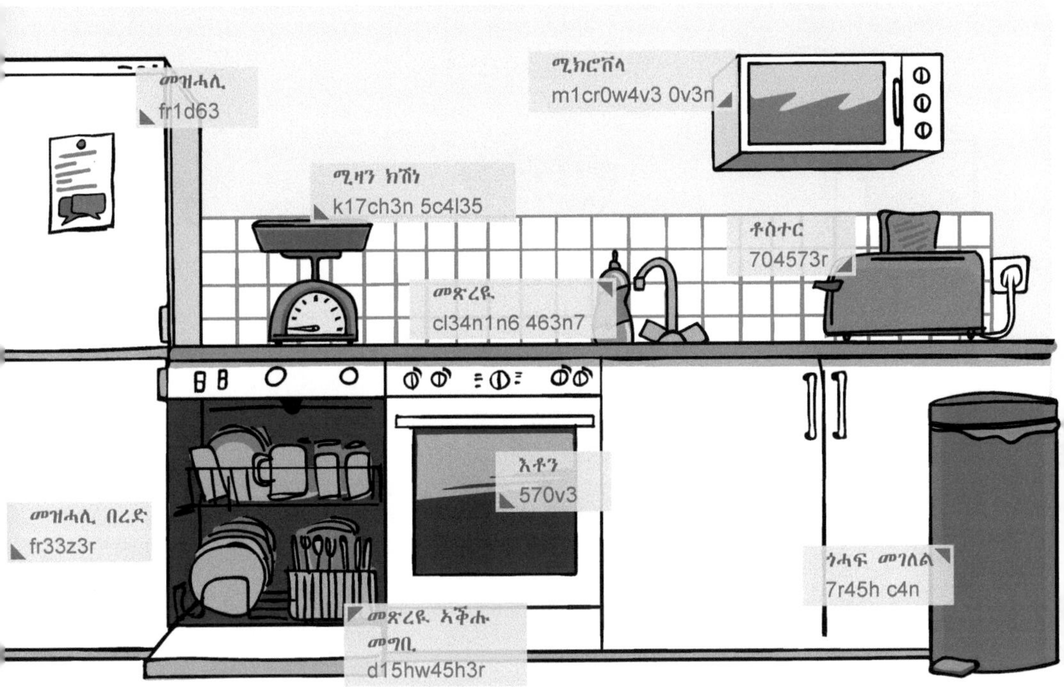
መዝሓሊ
fr1d63
ሚክሮቨላ
m1cr0w4v3 0v3n
ሚዛን ክሽነ
k17ch3n 5c4l35
ቶስተር
704573r
መጽረዪ
cl34n1n6 463n7
እቶን
570v3
መዝሓሊ በረድ
fr33z3r
ጎሓፍ መገለል
7r45h c4n
መጽረዪ ኣቕሑ መግቢ
d15hw45h3r

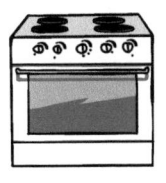

መኽሸኒ

c00k3r

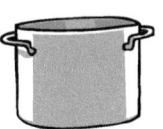

ድስቲ

p07

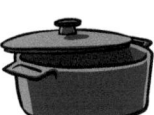

ድስቲ ሓጺን

c457-1r0n p07

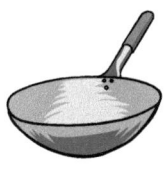

ቮክ/ካዳይ

w0k / k4d41

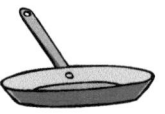

ባደላ

p4n

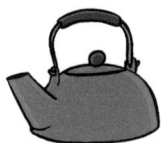

መውዓዪ ማይ

k377l3

መፍልሒ

5734m3r

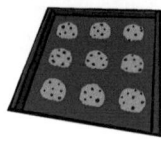

ጓንቴራ ምስንካት

b4k1n6 7r4y

ኣቕሑ መግቢ

cr0ck3ry

ብርጭቆ

mu6

ጭሖሎ

b0wl

ማንካቺና

ch0p571ck5

ማንካ መረቕ

l4dl3

መገልበጢ ባደላ

5p47ul4

መኾስተር ውርጪ

wh15k

መንፊት መግቢ

57r41n3r

መንፊት

513v3

መፋሕፍሒ

6r473r

ሞርታር

m0r74r

ባርቢክዩ

b4rb3cu3

ስፍራ ሓዊ

f1r3pl4c3

እንጨይቲ ምምታር

ch0pp1n6 b04rd

እንጨይቲ ኰረር

r0ll1n6 p1n

መኸፈት ቡሽ

c0rk5cr3w

ታኒካ

c4n

መኸፈቲ ታኒካ

c4n 0p3n3r

ጨርቂ ድስቲ

0v3n cl07h

ቡምባ

51nk

ኣስባስላ

bru5h

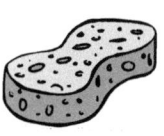

ሰፍነግ

5p0n63

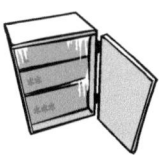

ሓዋሲ ኣደባላቒ

bl3nd3r

መዝሓሊ በረድ

d33p fr33z3r

ጥርሙዝ ማማይ

b4by b077l3

ቡምባ ማይ

74p

ክፍሊ ባንዮ

b47hr00m

h3471n6
70w3l
መሕጸቢ ሻወር
5h0w3r
ሻወር መጋረጃ
5h0w3r cur741n
መሕጸቢ ዓፍራ
bubbl3 b47h
b47h7ub
6l455
ሓጸቢት
w45h1n6 m4ch1n3
ቡምባ ማይ
74p
ማቶነላ
71l35
ድስቲ
p077y
ቡምባ
51nk

ሽቓቕ

701l37

ሽቓቕ ኮፍ

5qu47 701l37

በዴ

b1d37

ሽቃቕ ተባዕታይ

ur1n4l

ወረቐት ሽቓቕ

701l37 p4p3r

ኣስባስላ ሽቓቕ

701l37 bru5h

ኣስባስላ ስኒ

7007hbru5h

ክረማ ስኒ

7007hp4573

ሃሪ ስኒ

d3n74l fl055

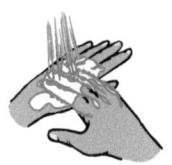

ሓጸበ

w45h

ዱሽ ኢድ

h4nd 5h0w3r

ዱሽ

d0uch3

ብርጭቆ ምሕጻብ

b451n

ኣስባስላ ሕቖ

b4ck bru5h

ሳምና

504p

ሻወር ጀል

5h0w3r 63l

ሻምፑ

5h4mp00

ጨርቂ መሕጸቢ

fl4nn3l

መውሓዚ

dr41n

ክረማ

cr3m3

ደዮ ጨና

d30d0r4n7

መስትያት
m1rr0r

ናይ ኢድ መስትያት
h4nd m1rr0r

መላጸ
r4z0r

ዓፍራ ምልጻይ
5h4v1n6 f04m

ጨና ድሕሪ ምልጻይ
4f73r5h4v3

መመሸጥ
c0mb

ኣስባስላ
bru5h

መንቐጺ ጸጉሪ
h41r-dry3r

ስፕረይ ጸጉሪ
h41r5pr4y

መመላኽዒ
m4k3up

ብርዒ ቀለም ከንፈር
l1p571ck

ኣዝማልቶ
n41l v4rn15h

ጸምሪ ጡጥ
c0770n w00l

መስደዲ ጽፍሪ
n41l 5c1550r5

ጨና
p3rfum3

ሳንጣ መሕጸቢ

w45hb46

ድኳ

5700l

ሚዛን

w316h1n6 5c4l35

ክዳን መሕጸቢ

b47hr0b3

ጓንቲ መጸረዪ

rubb3r 6l0v35

ታምፖን

74mp0n

ጨርቂ ሰበይቲ

54n174ry 70w3l

ሽቓቕ ከሚስትሪ

ch3m1c4l 701l37

ክፍሊ ቆልዑ

ch1ld'5 r00m

ኣላርም መተስኢ
4l4rm cl0ck
መጻወቲ እንስሳ
cuddly 70y
መጻወቲ መኪና
70y c4r
ኳሕኳሕ መበሊ
r477l3
ቤት ባምቡላ
d0ll'5 h0u53
ህያብ
pr353n7

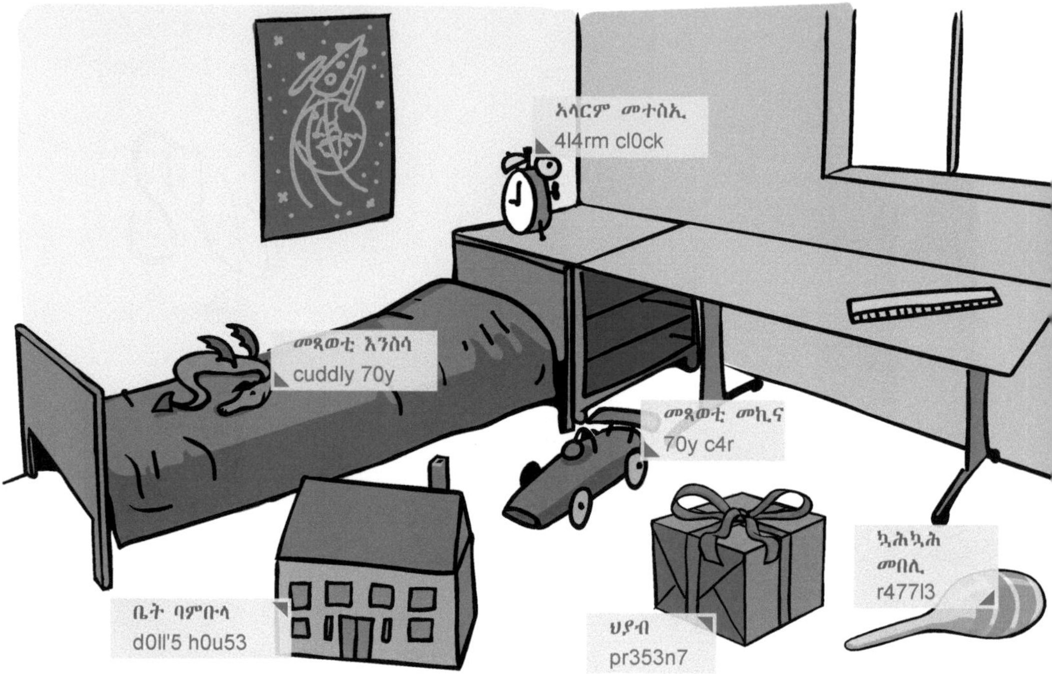

ባላንችና
....
b4ll00n

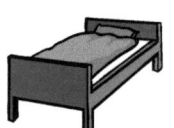

ዓራት
....
b3d

ሰረገላ ህጻን
....
57r0ll3r

ጸወታ ካርታ
....
d3ck 0f c4rd5

ሕንቅሊተይ
....
j1654w

ኮሜዲ
....
c0m1c

እምንታት መጻወቲ ለጎ

l360 br1ck5

መጻወቲ እምንታት

70y bl0ck5

በዓል ኣክቾን

4c710n f16ur3

ክዳን ማማይ

r0mp3r 5u17

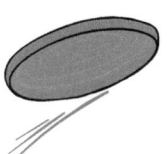

ፍሪስቢ

fr15b33

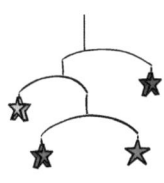

ሞባይል ማማይ

m0b1l3

ጸወታ ሰሌዳ

b04rd 64m3

ኩቦ

d1c3

ሞደል ባቡር ምድሪ

m0d3l 7r41n 537

ዓባስ

dummy

ፓርቲ

p4r7y

መጽሓፍ ስእሊ

p1c7ur3 b00k

ኩዕሶ

b4ll

ባምቡላ

d0ll

ተጻወተ

pl4y

መጻወቲ ሑጻ

54ndp17

ሰላል

5w1n6

መጻወቲታት

70y

ኮንሶል ቪድዮ

v1d30 64m3 c0n50l3

መጻወቲ ሰለስተ መንኮርኮር

7r1cycl3

ተዲ

73ddy b34r

ክብሒ ክዳን

w4rdr0b3

ክዳን

cl07h1n6

ካልስታት

50ck5

ነዊሕ ካልስታት

570ck1n65

ስረ ካልሲ

716h75

ሻርባ
5c4rf

ጽላል
umbr3ll4

ቀልፊ
b3l7

ማልያ
7-5h1r7

ረፋዕ
b0075

ጫማ ገዛ
5l1pp3r5

ስኒከርስ
5n34k3r5

ሸበጦ
....
54nd4l5

ጫማ
....
5h035

ረፋዕ ጎማ
....
rubb3r b0075

ሙታንታ
....
br13f5

ክዳን ጡብ
....
br4

ትሕተ ካሚቻ
....
und3r5h1r7

ቦዲ
b0dy

ስረ
p4n75

ጂንስ
j34n5

ቀምሽ
5k1r7

ካምቻ
bl0u53

ካሚቻ
5h1r7

ጉልፎ
pull0v3r

ጎልፎ
5w3473r

ጃኬት
bl4z3r

ጃከት
j4ck37

ጁባ
c047

ክዳን ዝናብ
r41nc047

ኮስቱም
c057um3

ቀምሽ
dr355

ቀምሽ መርዓ
w3dd1n6 dr355

ልብሲ

5u17

ካሚቻ ለይቲ

n16h760wn

ክዳን ለይቲ

p4j4m45

ሳሪ

54r1

መሃረብ ርእሲ

h34d5c4rf

ቱርባን

7urb4n

ቡርካ

burk4

ካፍታን

k4f74n

ኣባያ

4b4y4

ክዳን መሕምበሲ

5w1m5u17

ስረ መሕምበሲ

7runk5

ሓጺር ስረ

5h0r75

ክዳን ታዕሊም

7r4ck5u17

በጃ ክዳን

4pr0n

ጓንቲ

6l0v35

መልጎም

bu770n

መነጽር

6l45535

በንናጅር

br4c3l37

ማዕተብ

n3ckl4c3

ቀለበት

r1n6

ኩትሻ

34rr1n6

ቆብዕ

c4p

መንበሪ ጁባ

c047 h4n63r

ባርነጣ

h47

ካርራቫት

713

ሻርነጣ

z1p

ሀልመት

h3lm37

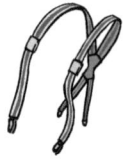

መድልደል ስረ

br4c35

ድቢዛ ቤትትምህርቲ

5ch00l un1f0rm

ድቢዛ

un1f0rm

ሰደርያ ቆልዓ

b1b

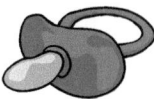

ዓባስ

dummy

ጨርቂ ማማይ

d14p3r

ቤት ጽሕፈት

0ff1c3

ሰርቨር
53rv3r
f1l1n6 c4b1n37
ፕሪንተር
pr1n73r
p4p3r
m0n170r
m0u53
ጣውላ ምጽሓፍ
d35k
f0ld3r
ኪቦርድ
k3yb04rd
ጎሓፍ ወረቐት
w4573-p4p3r b45k37
ኮምፒተር
c0mpu73r
መንበር
ch41r

ብርጭቆ ቡን

c0ff33 mu6

ካልኩለተር

c4lcul470r

ኢንተርነት

1n73rn37

ለፕቶፕ

l4p70p

ደብዳበ

l3773r

መልእኽቲ

m355463

ሞባይል

c3ll ph0n3

ነትወርክ/መርበብ

n37w0rk

መቅድሒ ፎቶኮፒ

ph070c0p13r

ሶፍትዌር

50f7w4r3

ተለፎን

73l3ph0n3

ሶከት ኳረንቲ

plu6 50ck37

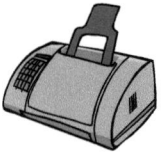

ፋክስ

f4x m4ch1n3

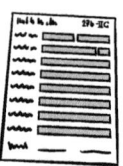

ፎርም

f0rm

ሰነድ

d0cum3n7

ገዝአ

buy

ከፈለ

p4y

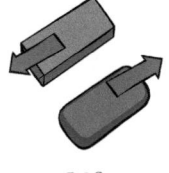

ንግዲ

7r4d3

ገንዘብ

m0n3y

ዶላር

d0ll4r

ኦይሮ

3ur0

የን

y3n

ሩብል

r0ubl3

ስዊዝ ፍራንክን

5w155 fr4nc

ረንሚንቢ ዩዋን

r3nm1nb1 yu4n

ሩፒየ

rup33

መውጽኢ ማሺን ገንዘብ

c45h p01n7

ቦታ ቅያር ገንዘብ

curr3ncy 3xch4n63 0ff1c3

ወርቂ

60ld

ብሩር

51lv3r

ዘይቲ

01l

ሓይሊ

3n3r6y

ዋጋ

pr1c3

ውዕል

c0n7r4c7

ቀረጽ

74x

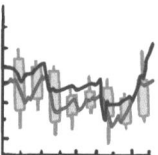

እኩብ ጥረ-ነገራት

570ck

ሰርሐ

w0rk

ሰራሕተኛ

3mpl0y33

ኣስራሒ

3mpl0y3r

ትካል

f4c70ry

ዱኳን

5h0p

0ccup4710n5

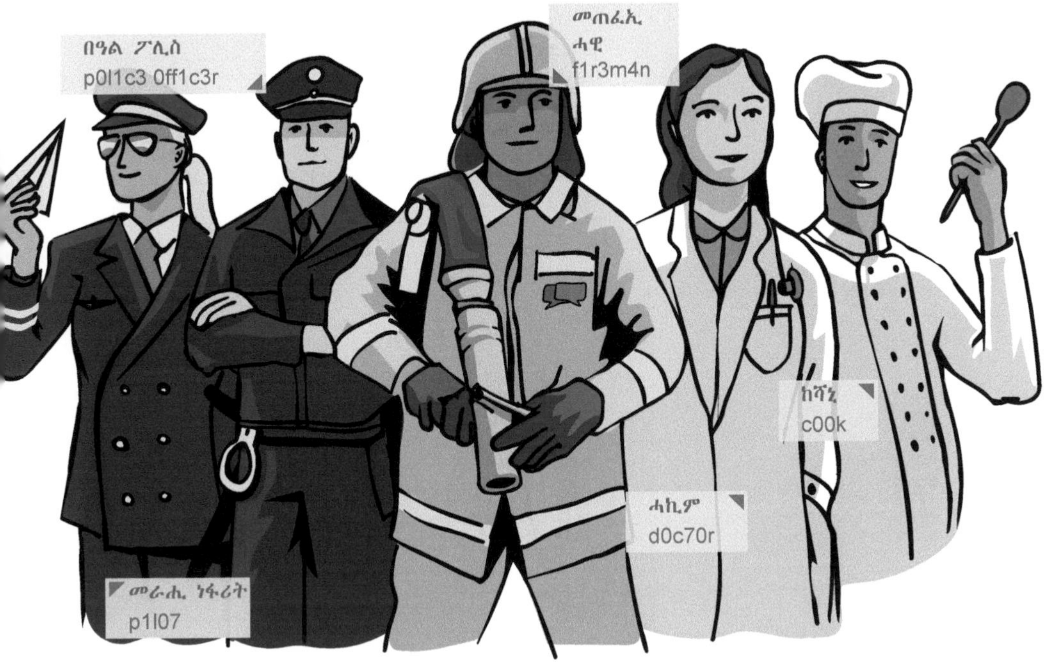
በዓል ፖሊስ
p0l1c3 0ff1c3r
መጠፋኢ
ሓዊ
f1r3m4n
ከሻኒ
c00k
ሓኪም
d0c70r
መራሒ ነፋሪት
p1l07

ሰራሕተኛ ጀርዲን

64rd3n3r

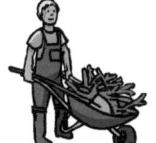

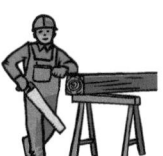

ጸራቢ ዕንጸይቲ

c4rp3n73r

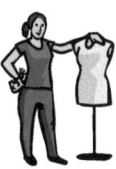

ሰፋይት

534m57r355

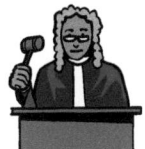

ፈራዳይ

jud63

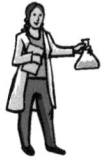

ቀማሚ

ch3m157

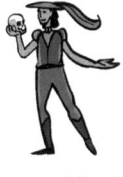

ተዋሳኢ

4c70r

መራሒ ኣዉቶቡስ

bu5 dr1v3r

ኣውቲስታ ታክሲ

74x1 dr1v3r

ገፋፊ ዓሳ

f15h3rm4n

ጸራጊት

cl34n1n6 l4dy

ሃናጻይ ናሕሲ

r00f3r

ኣሰላፊ

w4173r

ሃዳናይ

hun73r

ሰኣላይ

p41n73r

እንዳ ሕብስቲ

b4k3r

ኤለትሪከኛ

3l3c7r1c14n

ሃናጺ ኣባይቲ

bu1ld3r

ሃንዳሲ

3n61n33r

ሰራሕተኛ እንዳ ስጋ

bu7ch3r

ድራብሊኮ

plumb3r

ኣማላላሲ ፖስጣ

p057m4n

ወተሃደር

50ld13r

መሃንድስ

4rch173c7

ተሓዝ ገንዘብ

c45h13r

ሰራሕተኛ ዕምባባ

fl0r157

ቀምቃማይ

h41rdr3553r

ፈተሪኖ

c0nduc70r

መካኒክ

m3ch4n1c

መራሒ መርከብ

c4p741n

ሓኪም ስኒ

d3n7157

ተመራማሪ

5c13n7157

ራቢ

r4bb1

ኢማም

1m4m

ፈላሲ

m0nk

ቀሺ

p4570r

ናውቲ

700l5

ሞደሻ
h4mm3r
ጉጤት
pl13r5
ዘዋር መስኒ
5cr3wdr1v3r
wr3nch
70rch

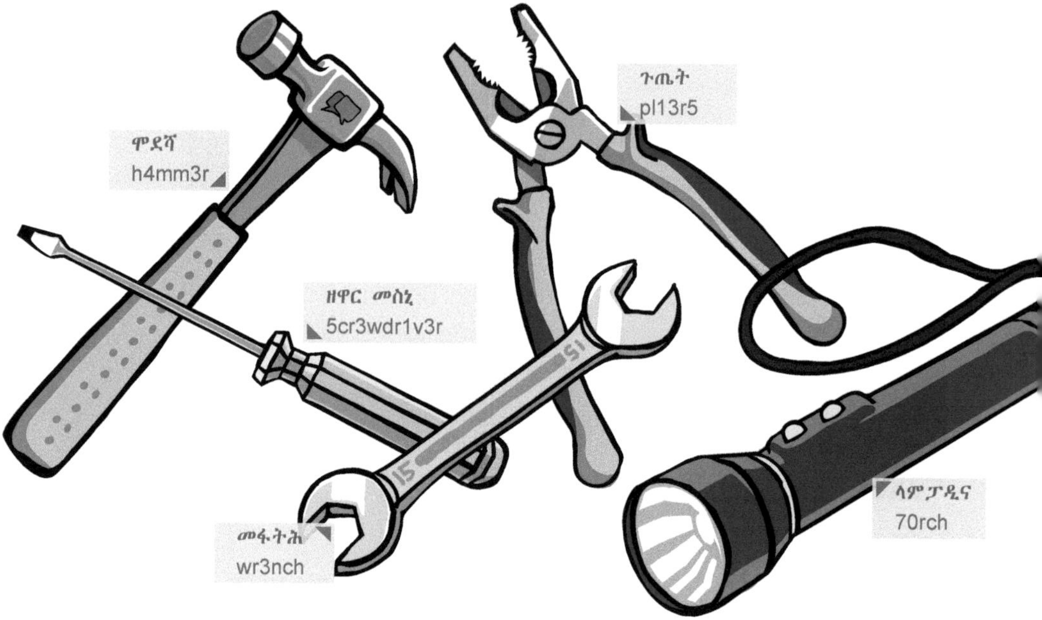

ፈሓሪ
....
3xc4v470r

ናውቲ ቦክስ
....
700lb0x

መደያይቦ
....
l4dd3r

መጋዝ
....
54w

መስማር
....
n41l5

ኰዓቲ
....
dr1ll

ምዕራይ

r3p41r

ባደላ

5h0v3l

አይ!

d4mn!

መትሓዚ ዶሮና

du57p4n

ድስቲ ቀለም

p41n7 c4n

ካቻቢተ

5cr3w5

መሳርሒ ሙዚቃ

mu51c4l 1n57rum3n75

እስፒከር
lOud 5p34k3r

ከበሮታት
drum 537

ጊታር
6u174r

ረጒድ ዓባይ
ጊታር
d0ubl3 b455

ትሮምፐት
7rump37

ፒያኖ

p14n0

ቪዮሊን

v10l1n

ባስ ጊታር

b455

ቲምንኢ

71mp4n1

ከቦሮ

drum5

ኦርጋን

k3yb04rd

ሳክሶፎን

54x0ph0n3

ሻምብቆ

flu73

ሚክሮፎን

m1cr0ph0n3

ነብር
7163r

መእተዊ
3n7r4nc3

ጎብያ
c463

አድጊ በረኻ
z3br4

መግቢ እንስሳ
4n1m4l f33d

ፓንዳ
p4nd4

እንስሳታት
4n1m4l5

ሓርማዝ
3l3ph4n7

ካንጋሩ
k4n64r00

ሓሪሽ
rh1n0

ጉሪላ
60r1ll4

ድቢ
b34r

ገመል

c4m3l

ሰገን

057r1ch

ኣንበሳ

l10n

ህበይ

m0nk3y

ፍላሚንጎ

fl4m1n60

ሕንጻይ

p4rr07

ድቢ በረድ

p0l4r b34r

ፕንጉን

p3n6u1n

ክልቢ ዓሳ

5h4rk

ጣውስ

p34c0ck

ተመን

5n4k3

ሓርገጽ

cr0c0d1l3

ሓላዊ ቤት ገርድሽ

z00k33p3r

ዓሳ ዚምገብ እንስሳ ባሕሪ

534l

ጃጓር

j46u4r

ሓጺር ፈረስ

p0ny

ነብሪ

l30p4rd

ጉማረ

h1pp0

ጂራፍ

61r4ff3

ሊላ

346l3

መፍለስ

b04r

ዓሳ

f15h

ጎብየ

7ur7l3

ዋልሩስ

w4lru5

ወኻርያ

f0x

ሰስሓ

64z3ll3

ስፖርት
5p0r75

ናይ ኣሜሪካ ኩዕሶ እግሪ
4m3r1c4n f007b4ll
ምዝዋር ብሽግለታ
cycl1n6
ተኒስ
73nn15
ባስከትባል
b45k37b4ll
ምሕምባስ
5w1mm1n6
ሆኪ በረድ
1c3 h0ck3y
ቦክሲንግ
b0x1n6

ኩዕሶ እግሪ

50cc3r

ባድሚንቶን

b4dm1n70n

እስፖርታዊ ንጥፈታት

47hl371c5

ኩዕሶ ኢድ

h4ndb4ll

ስኪ

5k11n6

ፖሎ

p0l0

l4u6h
ነጠረ
jump
ሓቖፈ
hu6
ከደ
w4lk
ደረፈ
51n6
ሓለመ
dr34m
ጸለየ
pr4y
ሰዓመ
k155

ጸሓፈ

wr173

ሰኣለ

dr4w

ኣርኣየ

5h0w

ደፍአ

pu5h

ሃበ

61v3

ወሰደ

74k3

አለወ

h4v3

ገበረ

d0

ኮነ

b3

ጠጠው በለ

574nd

ጎየየ

run

ሰሓበ

pull

ሰንደወ

7hr0w

ወደቐ

f4ll

ሓሰወ

l13

ተጸበየ

w417

ሰከም

c4rry

ኮፍ በለ

517

ተኸድነ

637 dr3553d

ደቀሰ

5l33p

ተስአ

w4k3 up

ረኣየ

....

l00k 47

በኸየ

....

cry

ብኣጻብዑ ደረዘ

....

57r0k3

መሸጠ

....

c0mb

ተዛረበ

....

74lk

ተረድአ

....

und3r574nd

ሓተተ

....

45k

ሰምዐ

....

l1573n

ሰተየ

....

dr1nk

በልዐ

....

347

ኣቐመጠ

....

71dy up

ኣፍቀረ

....

l0v3

ከሸነ

....

c00k

ዘወረ

....

dr1v3

ነፈረ

....

fly

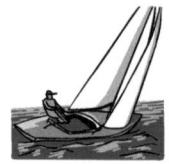

ብመርከብ ገየሸ

....

541l

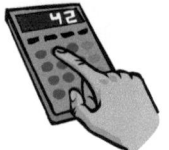

ደመረ

....

c4lcul473

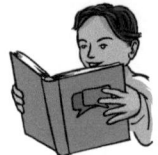

ኣንበበ

....

r34d

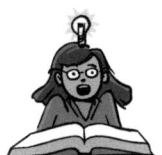

ተመሃረ

....

l34rn

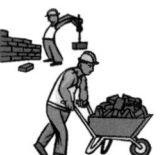

ሰርሐ

....

w0rk

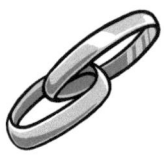

መርዓወ

....

m4rry

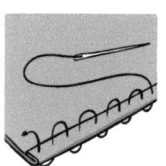

ሰፈየ

....

53w

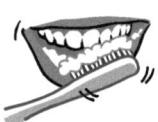

ጽሬት ኣስናን

....

bru5h 7337h

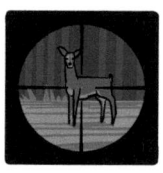

ቀተለ

....

k1ll

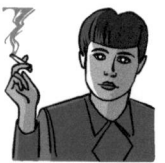

ሽጋራ ተከኸ

....

5m0k3

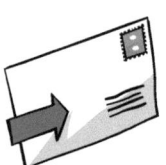

ሰደደ

....

53nd

ስድራቤት
f4m1ly

ዓባየ
6r4ndm07h3r
6r4ndf47h3r
f47h3r
m07h3r
ማማይ
b4by
ጓል
d4u6h73r
ወዲ
50n

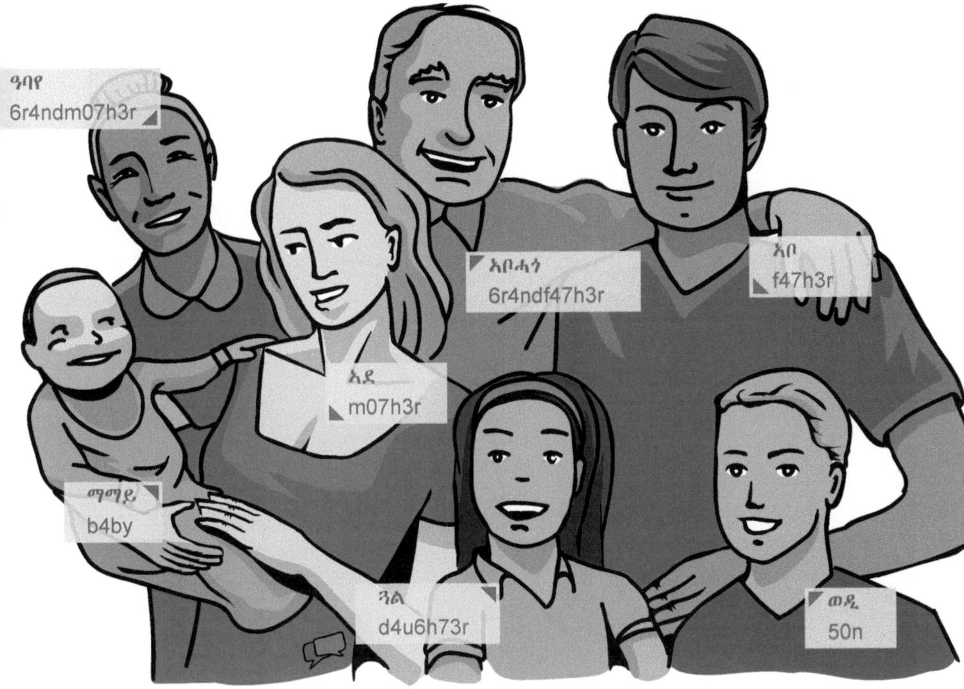

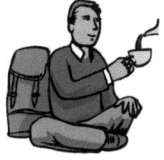

ጋሻ

6u357

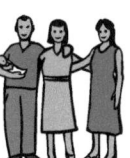

ሓትኖ

4un7

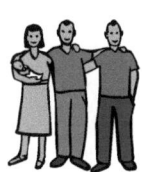

ኣኮ

uncl3

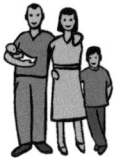

ሓው

br07h3r

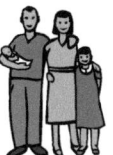

ሓፍቲ

51573r

ኣካላት

b0dy

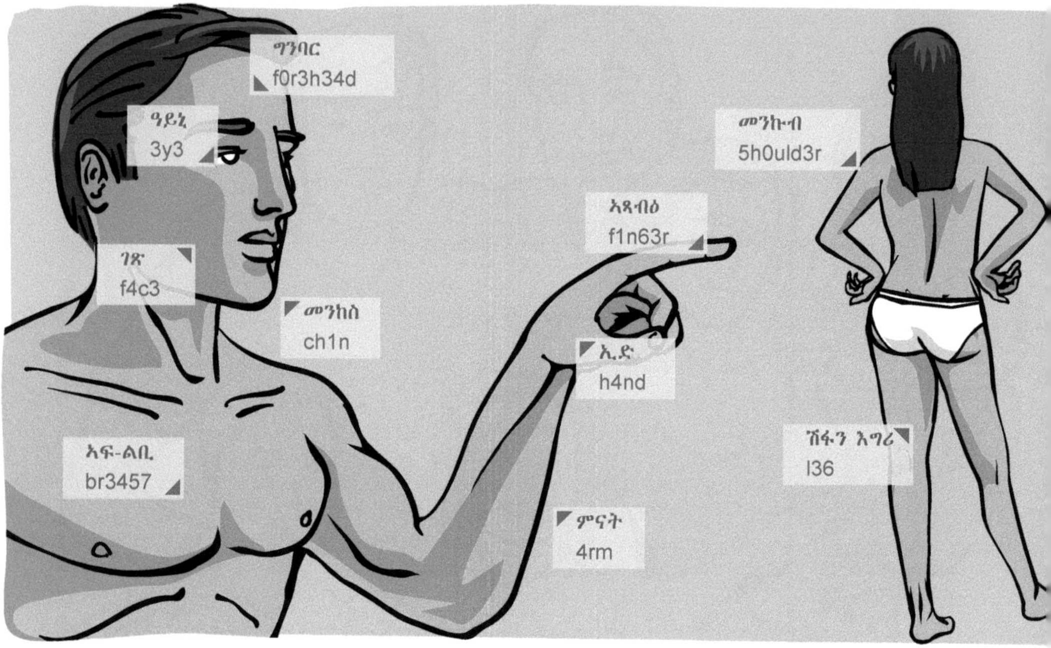

ግንባር
f0r3h34d
ዓይኒ
3y3
መንኩብ
5h0uld3r
ኣጻብዕ
f1n63r
ገጽ
f4c3
መንከስ
ch1n
ኢድ
h4nd
ኣፍ-ልቢ
br3457
ሽፋን እግሪ
l36
ምናት
4rm

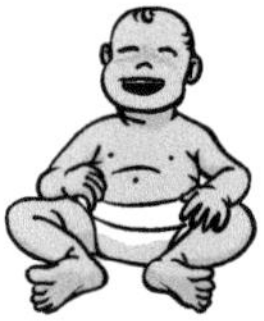

ማማይ

b4by

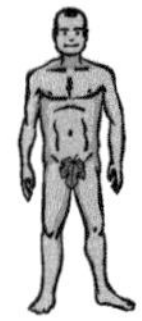

ሰብኣይ

m4n

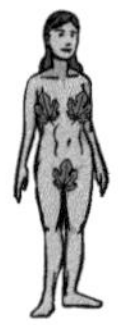

ሰበይቲ

w0m4n

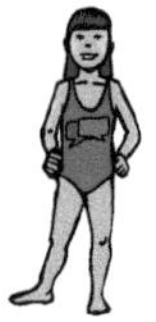

ጓል

61rl

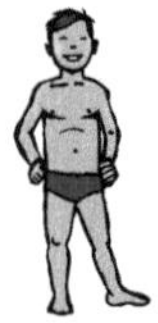

ወዲ

b0y

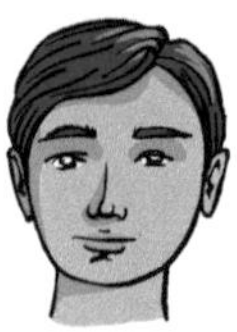

ርእሲ

h34d

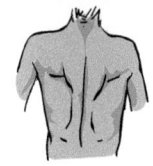

ሕቖ

b4ck

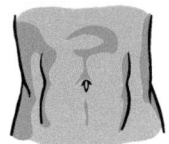

ከስዐ

b3lly

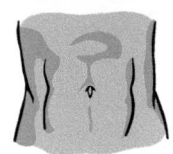

ሕምብርቲ

n4v3l

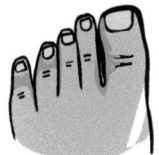

ኣጻብዕ እግሪ

703

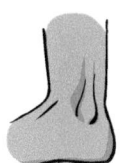

ኩርኾረ

h33l

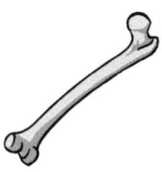

ዓጽሚ

b0n3

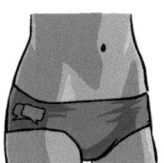

ምሕኵልቲ

h1p

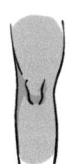

ብርኪ

kn33

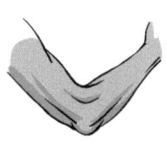

ፎግፎ

3lb0w

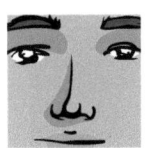

ኣፍንጫ

n053

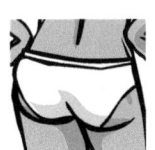

መዓኮር

bu770ck5

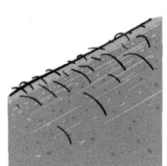

ቆርበት

5k1n

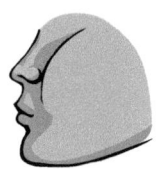

ምዕጉርቲ

ch33k

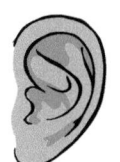

እዝኒ

34r

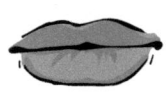

ከንፈር

l1p

አፍ

m0u7h

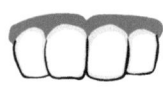

ስኒ

7007h

መልሓስ

70n6u3

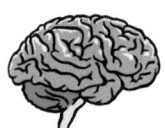

ሓንጎል

br41n

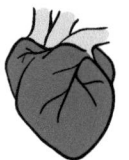

ልቢ

h34r7

ጭዋዳ

mu5cl3

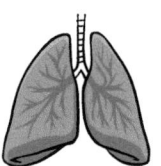

ሳንቡእ

lun6

ጸላም ከብዲ

l1v3r

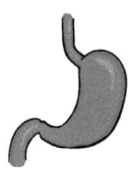

ከብዲ

570m4ch

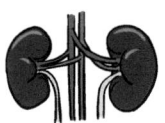

ኩሊት

k1dn3y5

ግብረ ስጋ

53x

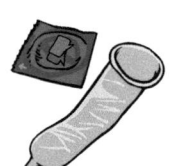

ኮንዶም

c0nd0m

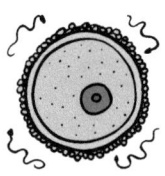

እንቋቑሖ

0vum

ዘርኢ ተባዕታይ

53m3n

ጥንሲ

pr36n4ncy

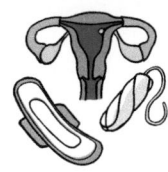

ጽግያት

m3n57ru4710n

ርሕሚ

v461n4

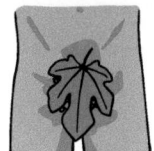

መትሎ

p3n15

ሽፋሽፍቲ

3y3br0w

ጸጉሪ

h41r

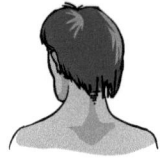

ክሳድ

n3ck

ሆስፒታል

h05p174l

መኪና ኣምቡላንስ
4mbul4nc3
መንበር ዓረብያ
wh33lch41r
ስባር
fr4c7ur3

ሓኪም

d0c70r

ክፍሊ ህጹጽ ረድኤት

3m3r63ncy r00m

ኣላይት

nur53

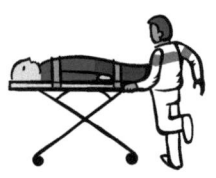

ህጹጽ ኩነት

3m3r63ncy

ውነኡ ዘጥፍአ

unc0n5c10u5

ቃንዛ

p41n

ጉድኣት

1njury

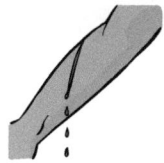

ደም

bl33d1n6

ማህረምቲ

h34r7 4774ck

ማህረምቲ

57r0k3

ኣለርጂ

4ll3r6y

ሰዓል

c0u6h

ረስኒ

f3v3r

ኢንፍልወንዛ

flu

ውጽኣት

d14rrh34

ቃንዛ ርእሲ

h34d4ch3

መንሽሮ

c4nc3r

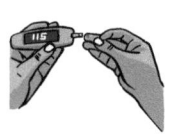

ሹኮርያ

d14b3735

ሓኪም መጥባሕቲ

5ur630n

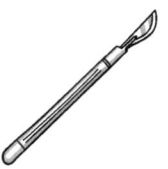

መጥብሒ

5c4lp3l

መጥባሕቲ

0p3r4710n

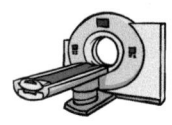

CT

c7

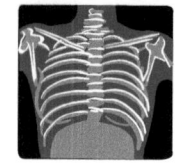

ራጂ

x-r4y

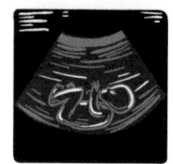

ልዕለ ድምጻዊ

ul7r450und

መሸፈኒ ገጽ

f4c3 m45k

ሕማም

d153453

ክፍሊ ምጽባይ

w4171n6 r00m

ምርኩስ

cru7ch

መጀነኒ ቑስሊ

pl4573r

መጀነኒ

b4nd463

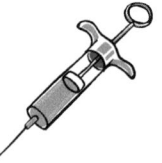

መርፍዕ ምውጋእ

1nj3c710n

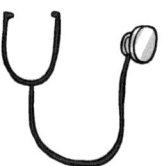

ስተቶስኮፕ

5737h05c0p3

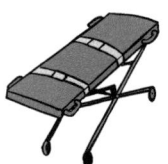

መሰከሚ ሕማም

57r37ch3r

ቴርሞመተር

cl1n1c4l 7h3rm0m373r

ትውልዲ

b1r7h

ልዕለ-ሚዛን

0v3rw316h7

ሓገዝ ምስማዕ

....

h34r1n6 41d

ኣንጻሂ

....

d151nf3c74n7

ልበዳ

....

1nf3c710n

ቫይረስ

....

v1ru5

ኤድስ

....

h1v / 41d5

ሕክምና

....

m3d1c1n3

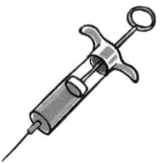

ክታበ

....

v4cc1n4710n

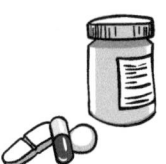

ከኒና

....

74bl375

ከኒና

....

p1ll

ህጹጽ ምድዋል

....

3m3r63ncy c4ll

መዕቀኒ ጸቕጢ ደም

....

bl00d pr355ur3 m0n170r

ሕሙም / ጥዑይ

....

1ll / h34l7hy

ህጹጽ ኩነት

3m3r63ncy

ሓገዝ

h3lp!

ኣላርም

4l4rm

ምህጃም

4554ul7

መጥቃዕቲ

4774ck

ድንገት

d4n63r

ህጹጽ መውጽኢ

3m3r63ncy 3x17

ሓዊ!

f1r3!

መጥፍኢ ሓዊ

f1r3 3x71n6u15h3r

ሓደጋ

4cc1d3n7

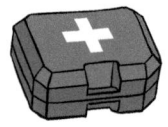

ሳንጣ ቀዳማይ ረድኤት

f1r57-41d k17

SOS

505

ፖሊስ

p0l1c3

ምድሪ
34r7h

ኤውሮጳ
....
3ur0p3

ሰሜን ኣመሪካ
....
n0r7h 4m3r1c4

ደቡብ ኣመሪካ
....
50u7h 4m3r1c4

ኣፍሪቃ
....
4fr1c4

ኤስያ
....
4514

ኣውስትራልያ
....
4u57r4l14

ኣትላንቲክ
....
47l4n71c

ፓሲፊክ
....
p4c1f1c

ህንዳዊ ውቕያኖስ
....
1nd14n 0c34n

ኣንታርቲካዊ ውቕያኖስ
....
4n74rc71c 0c34n

ኣርክቲካዊ ውቕያኖስ
....
4rc71c 0c34n

ሰሜናዊ ዋልታ
....
n0r7h p0l3

ደቡባዊ ዋልታ
....
50u7h p0l3

አንታርቲካ
....
4n74rc71c4

ምድሪ
....
34r7h

መሬት
....
l4nd

ባሕሪ
....
534

ደሴት
....
15l4nd

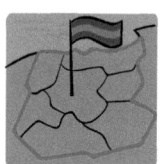

ሃገር
....
n4710n

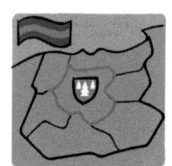

ዓዲ
....
57473

78

ሰዓት

cl0ck

ገጽ ሰዓት

cl0ck f4c3

ኣመልካቲ ሰዓታት

h0ur h4nd

ኣመልካቲ ደቓይቕ

m1nu73 h4nd

ኣመልካቲ ካልኢት

53c0nd h4nd

ሰዓት ክንደይ ኣሎ?

wh47 71m3 15 17?

መዓልቲ

d4y

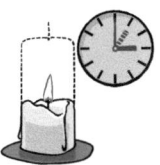

ግዜ

71m3

ሕጂ

n0w

ዲጂታል ሰዓት

d16174l w47ch

ደቒቕ

m1nu73

ሰዓት

h0ur

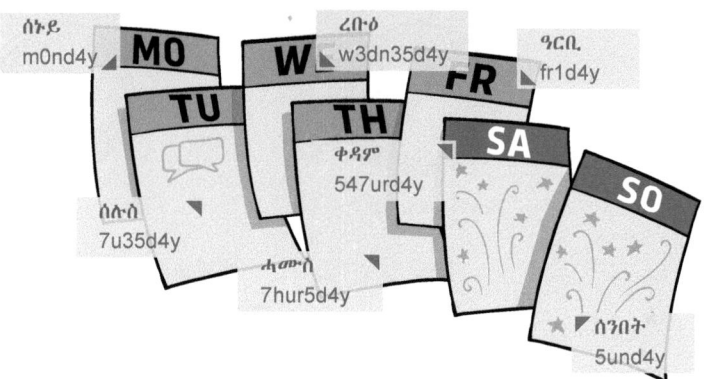

ሰሙን

w33k

ሰኑይ
m0nd4y
MO
TU
ሰሉስ
7u35d4y
W
ረቡዕ
w3dn35d4y
TH
ቀዳም
547urd4y
ሓሙስ
7hur5d4y
FR
ዓርቢ
fr1d4y
SA
SO
ሰንበት
5und4y

1

ትማሊ

y3573rd4y

ሎሚ

70d4y

3

ጽባሕ

70m0rr0w

ንጉሆ

m0rn1n6

ቀትሪ

n00n

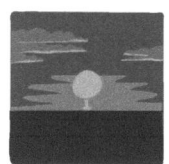

ምሸት

3v3n1n6

መዓልታት ስራሕ

w0rkd4y5

መወዳእታ ሰሙን

w33k3nd

ዝናብ
r41n

ቀስተ-ደመና
r41nb0w

ንፋስ
w1nd

በረድ
5n0w

ጽድያ
5pr1n6

ሐጋይ
5umm3r

ቀውዒ
f4ll

ክረምቲ
w1n73r

4.APRIL	11°	☀
5.APRIL	4°	
6.APRIL	13°	
7.APRIL	8°	
8.APRIL	10°	☀

ትንቢት ኩነታት አየር

w347h3r f0r3c457

ቴርሞመተር

7h3rm0m373r

ብርሃን ጸሓይ

5un5h1n3

ደበና

cl0ud

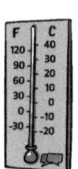

ጋመ

f06

ጠሊ

hum1d17y

ብርቂ
....
l16h7n1n6

ነጐዳ
....
7hund3r

ህቦብላ
....
570rm

በረድ
....
h41l

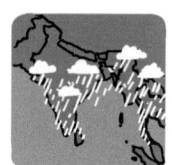

ብርቱዕ ህቦብላ
....
m0n500n

ውሕጅ
....
fl00d

በረድ
....
1c3

ጥሪ
....
j4nu4ry

ለካቲት
....
f3bru4ry

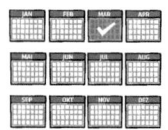

መጋቢት
....
m4rch

ሚያዝያ
....
4pr1l

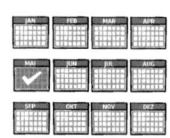

ጉንበት
....
m4y

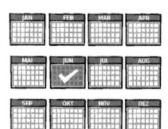

ሰነ
....
jun3

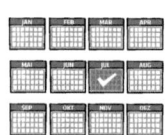

ሓምለ
....
july

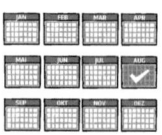

ነሓሰ
....
4u6u57

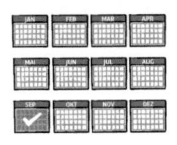

መስከረም

....

53p73mb3r

ጥቅምቲ

....

0c70b3r

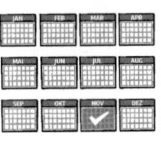

ሕዳር

....

n0v3mb3r

ታሕሳስ

....

d3c3mb3r

ቅርጻታት

5h4p35

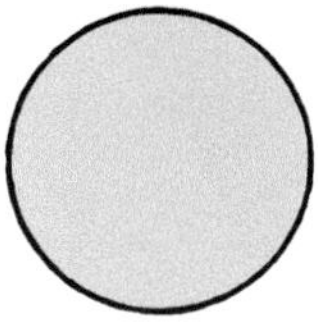

ዙርያ

....

c1rcl3

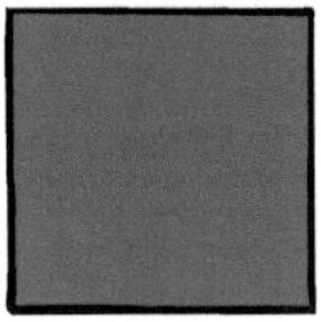

ትርብዒት

....

5qu4r3

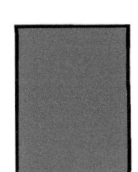

ቅኑዕ ርቡዕ ኵርናዕ

....

r3c74n6l3

ስሉስ ኩርናዕ

....

7r14n6l3

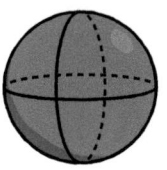

ክቢ

....

5ph3r3

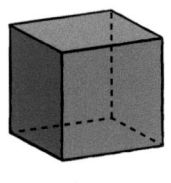

ኩቦ

....

cub3

ጻዕዳ

wh173

ብጫ

y3ll0w

ኣራንሺ

0r4n63

ፒንክ

p1nk

ቀይሕ

r3d

ጁኽ

purpl3

ሰማያዊ

blu3

ቀጠልያ

6r33n

ቡናዊ

br0wn

ሓሙኽሽታይ

6r4y

ጸሊም

bl4ck

ኣንጻራት
0pp051735

ብዙሕ / ውሑድ

4 l07 / 4 l177l3

ሕሩቕ / ሰላማዊ

4n6ry / c4lm

ጽቡቕ / ክፉእ

b34u71ful / u6ly

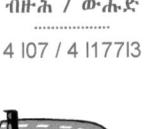

መጀመርያ / መወዳእታ

b361nn1n6 / 3nd

ዓቢ / ንእሽቶ

b16 / 5m4ll

ብሩህ / ጸልማት

br16h7 / d4rk

ሓው / ሓፍት

br07h3r / 51573r

ጽሩይ / ርሳሕ

cl34n / d1r7y

ምሉእ / ዘይምሉእ

c0mpl373 / 1nc0mpl373

መዓልቲ / ለይቲ

d4y / n16h7

ሙዉት / ህልው

d34d / 4l1v3

ሰፊሕ / ጸቢብ

w1d3 / n4rr0w

ደስ ዘበል / ደስ ዘይብል

3d1bl3 / 1n3d1bl3

እኩይ / ህያዋይ

3v1l / k1nd

ርቡጽ / ስልኩይ

3xc173d / b0r3d

ረጊድ / ቀጢን

f47 / 7h1n

ቀዳማይ / ናይ መወዳእታ

f1r57 / l457

ዓርኪ / ጸላኢ

fr13nd / 3n3my

ምሉእ / ባዶ

full / 3mp7y

ተሪር / ልስሉስ

h4rd / 50f7

ከቢድ / ፈኩስ

h34vy / l16h7

ጥምየት / ጽምየት

hun63r / 7h1r57

ሕሙም / ጥዑይ

1ll / h34l7hy

ዘይሕጋዊ / ሕጋዊ

1ll364l / l364l

መስተውዓሊ / ስዲ

1n73ll163n7 / 57up1d

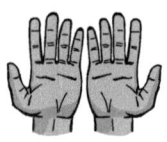

ጸጋም / የማን

l3f7 / r16h7

ቐረባ / ርሑቕ

n34r / f4r

ሓዲሽ / ብሉይ
n3w / u53d

ዋላ ሓደ / ገለ
n07h1n6 / 50m37h1n6

ዓቢ/ኣረጊት / መንእሰይ
0ld / y0un6

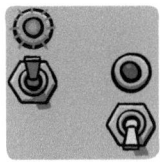

ወልዕ / ኣጥፍእ
0n / 0ff

ክፉት / ዕጹው
0p3n / cl053d

ህዱእ / ዓው
qu137 / l0ud

ሃብታም / ድኻ
r1ch / p00r

ቅኑዕ / ግጉይ
r16h7 / wr0n6

ሓርፋፍ / ልሙጽ
r0u6h / 5m007h

ጉሁይ / ሕጉስ
54d / h4ppy

ሓጺር / ነዊሕ
5h0r7 / l0n6

ቀስ / ቅልጡፍ
5l0w / f457

ጥሉል / ንቑጽ
w37 / dry

ምዉቕ / ዝሑል
w4rm / c00l

ውግእ / ሰላም
w4r / p34c3

ቁጽርታት

numb3r5

0	**1**	**2**
ዜሮ	ሓደ	ክልተ
z3r0	0n3	7w0
3	**4**	**5**
ሰለስተ	ኣርባዕተ	ሓሙሽተ
7hr33	f0ur	f1v3
6	**7**	**8**
ሽዱሽተ	ሸውዓተ	ሸሞንተ
51x	53v3n	316h7
9	**10**	**11**
ትሽዓተ	ዓሰርተ	ዓሰርተ ሓደ
n1n3	73n	3l3v3n

12

ዓሰርተ ክልተ
....
7w3lv3

13

ዓሰርተ ሰለስተ
....
7h1r733n

14

ዓሰርተ ኣርባዕተ
....
f0ur733n

15

ዓሰርተ ሓሙሽተ
....
f1f733n

16

ዓሰርተ ሽዱሽተ
....
51x733n

17

ዓሰርተ ሸውዓተ
....
53v3n733n

18

ዓሰርተ ሸሞንተ
....
316h733n

19

ዓሰርተ ትሽዓተ
....
n1n3733n

20

ዕስራ
....
7w3n7y

100

ሚእቲ
....
hundr3d

1.000

ሽሕ
....
7h0u54nd

1.000.000

ሚልዮን
....
m1ll10n

ቋንቋታት

l4n6u4635

እንግሊዝኛ

3n6l15h

ኣመሪካዊ እንግሊዛዊ

4m3r1c4n 3n6l15h

ቻይናዊ ማንዳሪን

ch1n353 m4nd4r1n

ሂንዳዊ

h1nd1

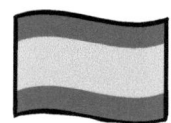

እስጳኛዊ

5p4n15h

ፈረንሳዊ

fr3nch

ዓረባዊ

4r4b1c

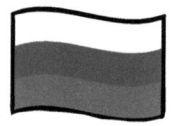

ሩሲያዊ

ru5514n

ፖርቱጋላዊ

p0r7u6u353

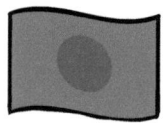

በንጋሊ

b3n64l1

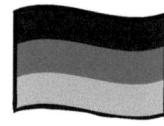

ጀርመናዊ

63rm4n

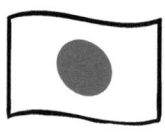

ጃፓናዊ

j4p4n353

መን / እንታይ / ከመይ

wh0 / wh47 / h0w

ኣነ

1

ንስኻ/ኺ

y0u

ንሱ / ንሳ / ንሱ

h3 / 5h3 / 17

ንሕና

w3

ንስኻ

y0u

ንሳቶም

7h3y

መን?

wh0?

እንታይ?

wh47?

ከመይ?

h0w?

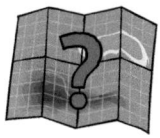

ኣበይ?

wh3r3?

መዓስ?

wh3n?

ሽም

n4m3

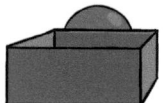

ኣበይ

wh3r3

ድሕሪ

b3h1nd

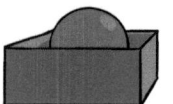

ኣብ

1n

ኣብ ቅድሚ

1n fr0n7 0f

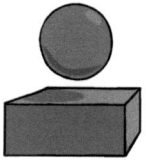

ኣብ ላዕሊ

0v3r

ኣብ ልዕሊ

0n

ትሕቲ ምድሪ

und3r

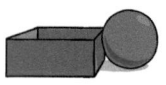

ኣብ ጥቓ

b351d3

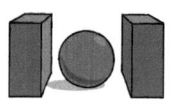

ኣብ መንጎ

b37w33n

ቦታ

pl4c3